梵唄50問

Q&A 學佛入門

法鼓文化編輯部 編著

〈導讀〉

自利利他的梵唄修行

佛教的修行法門有八萬四千種，可說是無量無數，是因人有無數無量的煩惱需要化解的方法。梵唄不但能止息煩惱火焰，身心清涼，也能讓人同霑法雨，可說是自利利他的菩薩行。

梵是清淨的聲音，唄是止斷妄念，唱誦能達到這樣的功能，才是眞的梵唄，才能淨化人心、淨化社會，這也是梵唄所要達到的目的。梵唄可以說是一種心靈環保，當人心轉染爲淨，自然而然就能落實禮儀環保、生活環保、自然環保，所處的世界就是人間淨土。

當人生遇到瓶頸時，不妨來參加法會共修，梵唄不但能讓你脫離煩惱漩渦，並能感受身心煥然一新，得到重新出發的力量，不再徬徨。因爲，人不免陷入自我煩惱之中，梵唱能讓我們喚醒智慧、慈悲與願心，不再心煩意亂。所以，不論是工作不如意、生活不順心，或是剛學佛總覺得修行難入門，可以先放下萬緣，讓梵唄給自己一個轉機希望。

我剛出家時，身心狀況很難協調，不但常常和人相處不和諧，甚至也不知如何調整自己。幸好聖嚴師父都會針對弟子們的狀況給予對治方法，而師父那時建議我的調整方法，竟然是每天到荷花田唱梵唄。當時農禪寺的周圍環境，恰好是一整片空曠無人的荷花田，所以很適合練習梵唄，當然，在這裡的聽眾，就只有青蛙了。

對於師父的教法，我是依教奉行的，利用每天的清晨或黃昏，找一個沒有人的地方，練習各種梵唄功課。雖說每天梵唄都是唱給青蛙聽，唱再久青蛙也不會頑石點頭做回應，但是自己的收穫卻是最大的，除打下梵唄唱誦的基礎外，並且清楚感受到自己的身心已經慢慢地調和，少了衝突和煩惱。

也因而體會聖嚴師父所說，確實眞實不虛。梵唄雖非世俗的歌唱，卻同樣具有歌詠的效果。自己唱誦是個人的修持，聽別人唱誦則是成就他人的修持，都是一種修行。如果有人不喜歡唱誦，是因爲不了解梵唄的功用。

佛教祖師認爲梵唄具有歌頌與讚歎三寶的功德，除此之外，梵唄其實也是修定和安心的方法。特別是有些年輕人容易血氣方剛，若沒有調節和釋放的出口，體力與悶氣難以紓解，可以運用梵唄來自我調整，一方面可讚歎三寶的功德，另一方面又可調和身心。

僧團每日的朝暮課誦，看似日復一日地一成不變，其實無形裡成為僧團安定的力量，無論有多少煩惱不安，都消融於大眾的音聲海裡。梵唄定課也成為了支持佛教千百年來穩定和諧、開枝散葉的重要根基所在。

梵唄除可用於安自己的心，也可用於安別人的心。例如有次晚課結束後，一位居士特別來感謝我們，由於他來做義工幫忙除草，因有心事感到十分不耐煩，聽聞課誦聲約半小時，一顆煩躁的心便被梵唄淨化了，能夠心平氣和，讓他覺得太不可思議。

而對我來說，我第一次對梵唄產生全然不同的看法，是在一九九九年九二一大地震時，梵唄不再只是日常定課，而是真正能超度眾生煩惱的濟世妙音。那時我和僧團法師一起進入災區慰問關懷，其中有戶人家只剩一位媽媽浩劫餘生，一直兩眼無神呆坐著不吃、不睡、不說話，無論多少社工前來關懷鼓勵，始終無法讓她開口說話。結果一位法師握住她的手，輕聲唱起了觀世音菩薩聖號：「南無觀世音菩薩、南無觀世音菩薩……。」當大家一起唱誦幾句後，神奇的事發生了，這位媽媽嚎啕大哭起來，打開封閉已久的心房。面對如此悲痛的災難，很難用言語安慰人，而透過梵唄能讓觀世音菩薩的慈悲力量撫慰人心。

梵唄的這一份憾動人心的深刻力量，讓我久久不能忘懷，也以此勉勵自己不能忘失這一慈悲心。畢竟，不論是練習梵唱或法器，只要努力都能日漸熟悉，但是在熟悉以後，學佛修行的初發心是否還在呢？

在出家人的成長教育裡，梵唄是一門很專業且不可缺的學習功課。以往的學習方式，較偏重於敲打唱念。至於爲何敲？怎麼敲？爲何唱？怎麼唱？相關的理論說明與觀念提醒，則較爲少見。有了《梵唄50問》一書的出版流通，將梵唄的歷史發展、基本觀念、要領方法，做一重點整理與分享，相信能讓大家學習梵唄更加得心應手。

最後僅以《法華經》的偈子，祝福大家都能受用梵唄妙法：「或以歡喜心，歌唄頌佛德，乃至一小音，皆已成佛道。」

釋果慨

法鼓山弘化發展專案總召集人

目次

2

梵唱有方法

3 認識梵唄法器

4 妙音供養利人天

1

音聲佛事傳法音

Question

01

何爲梵唄？

《法華經》形容我們所居住的娑婆世界是「三界火宅」，不斷燃燒著種種苦惱不安，如何才能停止煩惱呢？佛教梵唄正如清涼法雨，能息滅煩惱火焰，讓人清涼法喜。

佛教的唱誦

所謂的梵唄，是指佛教的唱誦，以曲調誦經，讚詠佛德。梵唄有很多別名，也稱聲唄、讚唄、經唄、梵曲、聲明。梵唄一詞爲華、梵並舉，因依梵土（印度）曲譜詠唱，而稱爲梵唄。「梵」字梵文爲 brahman，字義是清淨、離欲、寂靜，「唄」字全稱唄匿，又名婆師、婆陟，梵文爲 bhāṣā，字義是止斷、止息、讚歎。

雖然由梵唄的「梵」字，可看出梵唄與印度的關係，印度佛經的主要語文即是梵語，但並不表示必須要用梵語唱誦佛經才是梵唄，梵唄不但可用中文、日文唱誦，甚至英文也可以，重點不在於使用哪一種語言，而在於是否達到梵唄所應具備的修行功能與聲音特質。

梵音清淨心清淨

梵唄的功能是，透過音聲唱誦，讓人達到安定與淨化心靈，進而消融煩惱。讓人止住與息滅煩惱，恢復本來的清淨面目。而唱誦要能讓人頓除煩惱，聲音必須要是清淨的，不能引發情緒而帶來煩惱。梵唄正是這樣的清淨聲音，具備了五種特質：一、其音正直，二、其音和雅，三、其音清澈，四、其音深滿，五、周遍遠聞。

所以，如果聽到的聲音，會讓自己的心變得不清淨，如貪戀好聲、情緒波動，皆非清淨的梵音。因此，我們參加法會時，自己所唱的是否爲梵唱？音樂會所聽聞的佛曲演奏是否爲梵唄？都可以此做爲判斷與提醒。

處身滾滾紅塵裡，難免沾染一身塵埃，如果能常常唱誦梵唄，沐浴法雨，梵唄就能成爲淨化心靈的方法，不受世間霧霾所困，有緣相逢的人們都能同聞清涼法音。

（王育發　攝）

Question

02

爲何適合用音聲佛事修行？

音聲佛事是指以音聲做佛事，用誦經、唱佛名，及至用歌舞音樂供養佛的禮儀皆是。佛在很多經典中都肯定音聲佛事的重要，而「音聲佛事」正是梵唄的別名之一。

如《法華經》說：「若使人作樂，擊鼓吹角貝，簫笛琴箜篌、琵琶鐃銅鈸，如是衆妙音，盡持以供養。或以歡喜心，歌唄頌佛德，乃至一小音，皆已成佛道。」音聲佛事的利益衆多，讀誦佛經、唱誦佛名可得往生，而聞法音，自然不生起煩惱，皆可爲音聲佛事對修行助益的例證。

耳根最利容易攝化

但是爲何音聲佛事對我們修行，能如此有效益呢？主要是比起其他眼、鼻、舌、身、意五根，人們的耳根最爲聰利，對於聲音的感受特別敏銳。如《維摩經略疏》說：「此間耳根利故，用聲塵起之。」我們所處的娑婆世界，衆生耳根最利，因此最適合透過音聲修行、感化人心，及傳達法義。這種特殊的攝化力量及普遍性，相較於文字必須透過思考產生意義，音樂更加直接，可讓人不假思索，直接與音聲相應。

中國佛教歷代祖師便充分善用音樂的便利性，輔助講經說法。例如唐代法師在陞座講經時，會先講說經文的意義，再以韻文將之前所講述的內容唱誦爲偈，幫助聽衆誦持記憶，並藉由音樂性高且音聲動人的特質，吸引廣大民衆聽經。而到了近代，強調化導人間的大乘佛教，也深刻體認並充分發揮此便利性，增多音樂弘化的方式與場合。

（梁忠楠　攝）

以妙音供養三寶，也是音聲佛教的另一作用，以音樂供養三寶，具有很大的功德，所以大乘佛教音樂才會如此盛行。因此，強調菩薩道的現代佛教會善用音聲普行佛事，也吸引優秀音樂人才投入創作，以不同形式的現代音樂表現方式詮釋佛法，讓佛教音樂更具親和力。

耳根圓通的觀音法門

除了弘化、供養的功能，音聲與修行的關係更是密切，例如念佛法門與持咒法門，都是運用音聲的修行法門。而梵唄修行，更是寺院日日不可或缺的重要朝暮課誦功課。唱誦梵唄可讓人心安定、清淨，而執掌法器也能鍛鍊修行。

觀音菩薩是以耳聞而證悟的，他與娑婆世界的眾生最有緣，而有情眾生之耳根最爲善巧聰利，所以他所證悟的耳根圓通法門，也最適合我們修習。如果修學梵唄，能誠心唱、專心聽，使心歸於一處，以耳根反聞聞自性，終得成就耳根圓通而悟道。

從古至今，從早期佛陀時代背誦偈子輔助記憶，到梵唄持誦安定身心，乃至於以妙音供養諸佛菩薩，或借助佛教音樂感化人心，音聲在佛教的發展過程中，一直未曾缺席，也一向占有重要地位。

Question

03

梵唄是佛教音樂嗎？

就梵唄與音樂來說，兩者雖然功能與屬性不同，卻有許多共通的音樂特質。因此，廣義來說，會將梵唄納入佛教音樂裡，這是現代社會的普遍認知，但是在佛教界裡，嚴格來說，梵唄不是音樂，為何會有這樣大的差異呢？

梵唄非世間音樂

因為梵唄是清淨的大梵天王音聲，超越人世間的音樂，所以自然不屬於世間音樂。如《法華經》所說：「梵音海潮音，勝彼世間音。」音樂通常都為抒發人類的七情六欲而用，而梵唄則是要幫助人清淨離欲。

在佛教傳統裡，梵唄長期以來是不同於音樂的，梵唄是修行的方法，而音樂則是藝文的活動，並且佛教戒律有明確的規定，比丘不應歌舞伎樂，也不應往觀歌舞伎樂。因此，僧人演出或觀賞音樂都是戒律所禁止的，僧人的非樂態度是明顯可見的。

現代音樂的佛曲創作

但是隨著大乘佛教的開展，佛教音樂的興盛，讓弘化更爲普及。而近年來，用佛教音樂來歸類寺院梵唄與佛曲創作，漸漸爲各佛教團體所接受。特別是除了寺院傳統的課誦與法會儀軌外，也出現許多現代音樂的梵唄作品。因此，梵唄在廣義的分類上，也被歸類於佛教音樂。

（釋常鐸　攝）

Question
04

佛陀反對音樂嗎？

對於僧人接觸一般的世間音樂，佛陀確實是抱持非樂的態度，禁止出家弟子如一般大眾唱歌與舞蹈，也不可以觀賞歌舞。因爲這些行爲不但會影響修行，也會招惹社會譏嫌。

禁止僧人歌舞的原因

例如善和比丘被佛陀稱讚爲：「所有聲聞弟子音聲美妙，善和苾芻最爲第一。」善和比丘擅長諷誦佛經，聲音清亮上徹梵天，音韻和雅，讓人聽聞後心生歡喜。原本這應是美事，結果有些僧人竟因此天天聽他讚誦，而荒廢道業，反而成了障礙修行的壞事。

或如有比丘請求佛陀同意他們供養塔，以讓大衆對佛法起信樂心。比丘們以歌舞供養塔的結果，招來人們的非議：「白衣歌舞，沙門釋子亦復如是。與我何異？」僧人載歌載舞使得威儀盡失，因此佛說比丘不應自歌舞供養塔。

保護修行道心

由上可知，爲何佛陀要制定僧人不得往觀歌舞倡伎的戒律，並明白佛陀制定戒律否定音樂，是爲保護僧人的修行道心。

Question

05

佛陀的制唄因緣爲何？

佛陀制唄的因緣，是因給孤獨長者的請求。

同意僧人吟詠誦經

給孤獨長者是印度憍薩羅國富甲天下的商人，爲人樂善好施，護持佛法不遺餘力。長者見外道用吟詠聲誦經優美動聽，而佛教僧人誦經雜亂難聽，所以勸佛能做改變：「世尊！彼諸外道於惡法律而爲出家，諷誦經典作吟詠聲音詞可愛，我諸聖者不閑聲韻逐句隨文，猶如瀉棗置之異器。若佛世尊慈悲許者，聽諸聖眾作吟詠聲而誦經典。」佛陀接受建議，同意出家弟子可以吟詠聲誦經。

結果，僧人們太過執著於吟詠而忽略法義，使得僧團像開音樂會一樣喧吵不已。給孤獨長者因此而向佛陀抱怨：「今此伽藍先為法宇，今日變作乾闥婆城。」佛陀於是告知僧團弟子，不能用吟詠聲誦諸經法，也不能用讀經聲請教白事，但是有兩件事可以用吟詠聲：一是讚詠大師德，二是誦《三啓經》，其他情況則皆不許可。

反對與贊同聲唄的原因

由於佛陀有時會訶斥弟子歌詠法言，有時卻又讚許勉勵，因此有人不解佛陀的態度為何如此兩極化？

例如六群比丘曾歌詠誦經讚歎佛，立意是好的，為何佛不聽許呢？原因在於他們犯了五種過錯：一是於此音中自己心生染著；二是讓人心生染著；三是語言乏味，讓諸天不樂；四是言音不正，太過造作；五是語義不了，難解其義。

但是億耳比丘用他的母語聲唄（即西印度方言阿槃地語），卻被佛陀稱許：「善哉比丘！汝善讚法。汝能以阿槃地語聲讚誦，了了清淨，盡易解。」這即是因為億耳比丘既能展現梵唄的清淨特質，又能讓人輕鬆理解佛法。

因此，佛陀禁止以婆羅門法的聲調讀誦經文，是因一般民眾難以理解其歌詠聲，卻讚許億耳比丘用方言聲唄。由此可知，佛陀對唄經重視的是，能否以清晰易懂的方式，讓人清楚理解法義。

Question

06

中國佛教梵唄如何發展？

佛教傳入中國初期，只有經典的翻譯，而無梵唄的傳授，原因在於梵音與漢語的語言差異過大，無法合用。梵文佛教經典翻譯為中文後，字數與音韻產生的變化，造成曲調、旋律難以搭配，所以雖可翻譯佛經，梵唄卻未能流傳。

中國梵唄的創制

為解決此一困難，僧人只能捨棄印度傳來的梵唄，改用中文翻譯的經文，搭配中國音樂來創制中國梵唄。因此，《高僧傳》說：「天竺方俗，凡是歌詠法音，皆稱為唄。至於此土詠經則稱為轉讀，歌讚則號為梵唄。」

至於中國佛教梵唄的起源，相傳為曹魏時代的曹植遊魚山時，聽見空中梵音

（許朝益　攝）

清雅動人，便仿效音節，創制中國特有的梵唄，他的作品《魚山梵唄》為中國佛教梵唄開啓新頁。

中國梵唄的分期

依據《一路念佛到中土——梵唄史談》作者賴信川的研究，中國佛教梵唄的發展變化可分為四期：

一、第一期：從東漢至魏晉時期

此時梵唄以西域胡語及梵語歌讚為主。

二、第二期：從魏晉六朝至隋唐以前

此時梵唄變胡為漢，並出現印度佛教所無的拜懺儀軌，如《法華三昧懺儀》。這期梵唄發展以《魚山梵唄》為漢化梵唄創制起點，南齊竟陵王蕭子良集合京師

的善聲沙門，總結六朝以來的梵唄研討，發展出中國人的佛教梵唄。至六朝晚期，天台宗智者大師首創以拜懺爲入三昧的基礎，創制四種三昧行法，奠定梵唄在中國佛教的發展基礎。

三、第三期：從隋唐至五代以前

隋唐時期爲中國佛教的發展高峰，梵唄文化亦多彩多姿。此時繼承六朝末期天台宗的懺儀和誦經儀式，而中國佛教八宗成立後，各有其思想主張和修行法門，梵唄別具特色，例如百丈禪師的《百丈清規》，將梵唄納入日用範疇。當時梵唄聲曲廣泛採用齊言式的詩歌文體，常見者如五言、七言，及少量的樂府詩，唄詞多半取自經典。

四、第四期：從五代至明清時期

此時梵唄除詞曲牌化，也出現佛教祖師的創作作品。明太祖、明成祖曾頒布叢林清規敕令，及唱念佛教歌曲的規定。蓮池大師整理諸經課誦的儀式，常州天寧寺唱誦成爲當時全國佛教梵唄的標準。這些皆深深影響現代中國佛教梵唄。

梵唄自中國大陸傳入臺灣後，因傳承源於大陸所以變異不大，主要可分大陸北方的海潮音與南方的鼓山調。然而隨著大眾傳播媒體的發達，現代弘法方式的多元，梵唄面對傳統傳承與未來發展，如何繼往開來，令人期待。

Question

07

佛的梵音相有何特質？

佛的三十二相，是指佛所具足的三十二種殊勝微妙相好特徵，其中有一項爲「梵音相」，即是佛的聲音特質。如《妙法蓮華經文句》說：「佛報得清淨音聲最妙，號爲梵音。」

佛的聲音特質

《大智度論》說佛的梵音有五種清淨特質：一、甚深如雷，二、清徹遠聞，聞者悅樂，三、入心敬愛，四、諦了易解，五、聽者無厭。

《法苑珠林》也曾引《梵摩喻經》，指出佛有八種說法聲：一、最好聲，二、易了聲，三、柔軟聲，四、和調聲，五、尊慧聲，六、不誤聲，七、深妙聲，八、

（梁忠楠　攝）

不女聲。言不漏闕，無得其短者。

佛的聲音如此圓滿，是因修行的功德圓滿，《阿毘達磨大毘婆沙論》說佛的聲音具有八種功德：「三十二者得梵音聲相，謂佛於喉藏中有妙大種，能發悅意和雅梵音，如羯羅頻迦鳥，及發深遠雷震之聲，如帝釋鼓。如是音聲具八功德：一者深遠，二者和雅，三者分明，四者悅耳，五者入心，六者發喜，七者易了，八者無厭。」

唱梵唄能得梵音聲相

為何佛的聲音能得到如此殊勝的功德呢？那是因為佛為菩薩時，於無量世不惡口，說實語、軟語、法喜語，非時不語，並教化眾生，而能感得梵音聲相。我們如能學佛修行，持守十善業，不妄語、不兩舌、不惡口、不綺語，口業清淨了，聲音自然也清淨了。

而梵唄也能讓我們感得梵音聲相，如《法華經玄贊要集》所說：「歌唄讚佛德，即是因中將此音樂聲歌讚佛德，果中得梵音聲相，如世尊三十二相中梵音聲相，最爲殊勝，能說法度衆生也。」

雖不能生值佛世，親聞佛說法，但可依佛法修學佛聲的功德，莊嚴自己的言語，也能妙音說法，與人分享法喜。

Question

08

唱梵唄的功德爲何？

自古以來，佛教便認爲學習梵唄可得許多功德。

《南海寄歸內法傳》即說唱梵唄，可有六種功德：

1. 能知佛德之深遠：歌詠佛德，能知道佛的功德無量無邊，虔心學習。
2. 體制文之次第：熟悉佛經經文的前後次第。
3. 令舌根清淨：不造口業，自然清淨。
4. 得胸藏開通：能擴大肺活量，神清氣爽。
5. 處衆不惶：能培養領衆能力，落落大方。
6. 長命無病：能促進氣血循環，身心舒暢，長壽健康。

（法鼓文化資料照片）

《高僧傳》更提到梵唄具有五種功德：「身體不疲、不忘所憶、心不懈倦、音聲不壞、諸天歡喜。」

因此，寺院將定習唱讚頌爲日課，稱爲「學唱念」。佛寺梵唄一科，便通稱爲「唱念」。

Question

09

梵唄有哪些文體？

梵唄如以唱詞的文體形式來分，基本上可分為四大類：讚、偈、咒、文。

一、讚

讚，有稱讚、祈禱、歌頌之意。讚的每一行字數不等，主要是以詩句的數量做區分，常用者為六句讚、八句讚，也有五句讚、十句讚與其他多句讚。如〈戒定眞香讚〉、〈佛寶讚〉、〈楊枝淨水讚〉等。

若以〈楊枝淨水讚〉為六句讚舉例，可見其以六個不同字數的句子組成：

第一句：楊枝淨水

第二句：遍灑三千

第三句：性空八德利人天
第四句：福壽廣增延
第五句：滅罪消愆
第六句：火燄化紅蓮

二、偈

偈是梵文的詩歌體形式，與中國古詩詞相似。偈的每句字數皆相同，每句四個字的偈稱為「四言偈」，每句五個字的偈則稱為「五言偈」，也有「七言偈」。如〈普賢警眾偈〉、〈開經偈〉、〈懺悔偈〉、〈迴向偈〉等。

若以〈普賢警眾偈〉為四言偈舉例，可見其每句字數都同為四個字：

第一句：是日已過
第二句：命亦隨滅

第三句：如少水魚
第四句：斯有何樂
第五句：當勤精進
第六句：如救頭然
第七句：但念無常
第八句：愼勿放逸

三、咒

咒又稱爲咒語、眞言、陀羅尼，可以直接念誦，也可以唱誦，如是採用唱誦，則屬於梵唄。如〈大悲咒〉、〈往生咒〉、〈準提咒〉、〈音樂咒〉等。

以〈準提咒〉爲例：

南無颯哆喃。三藐三菩陀。俱胝喃。怛姪他。唵。折戾主戾。準提娑婆訶。

四、文

文屬於說白形式的文體，法會的文會用唱誦的方式呈現。文可分爲兩類，一種是散文體，另一種是白話體。

例如大悲懺法會的疏文，便是白話體：「妙音觀世音。能救世間苦。福聚海無量。是故應頂禮。……釋迦如來遺教奉行。主修功德沙門。聖嚴。……謹依儀規。嚴飾道場。虔誠頂禮。廣大圓滿。大悲懺。壇內衆等。……主修功德沙門。聖嚴。百拜具呈。」

Question 10

梵唄爲何很少單曲唱誦，多爲法會儀式？

梵唄多使用於佛教儀式，常用於講經儀式、朝暮課誦，或是道場懺法等共修活動，有既定的修行儀軌，因此，不像一般音樂可自由挑選單曲演唱或演奏。

梵唄是修行方式

梵唄共修是一種團體修行，大衆以合聲的方式誦經、禮懺，讚歎佛的功德，懺悔往昔罪業，透過梵唄唱誦的修持，不但能夠停止妄想，清淨身心，更能開發清明的智慧，以及柔軟的慈悲。例如法會儀軌的基本架構，大都是以隋朝智者大師的《法華三昧懺儀》爲本，包括嚴淨道場、淨身、三業供養、奉請三寶、讚歎三寶、禮佛、懺悔、行道旋繞、誦經、禪觀等十法。透過這樣的儀軌編排，可以幫助人循序漸進調整身心，體會梵唄所要傳達的法義。

（李東陽　攝）

梵唱不為個人紓壓而唱

通常人們唱歌的動機，是爲了抒發感情、紓解壓力，所以都會挑選與自己心情相應的歌曲演唱。但是，唱誦梵唄本身的動機，卻不只是爲個人而唱，還帶有度化眾生的悲心願力在其中，願所有的眾生都能同得解脫。

此由法會的〈迴向偈〉即可得知，如：「願消三障諸煩惱，願得智慧眞明了，普願罪障悉消除，世世常行菩薩道。」偈內希望的不只是消除自己的罪障，而是所有眾生的罪障一起消除，並期望自己能生生世世都行自利利他的菩薩道。因此，梵唱者的心是與所有的眾生的心合而爲一，期盼眾生皆能離苦得樂。

Question 11

梵音的聲音爲何與衆不同？

梵唄也稱爲梵音，梵音即是大梵天王所發出的聲音，有別於世間的樂聲。

世間歌聲說法的過患

爲何佛教要用梵唄誦經說法，而不借用外道歌曲說法呢？

因爲用不如法的歌曲誦經說法，會像《毘尼母經》所說產生五種過患：

1. 不名自持：不由自己的眞實思想情感出發。
2. 不稱聽衆：不能大衆化。
3. 諸天不悅：語言索然無味。
4. 語不正難解：矯揉造作的裝腔作調，讓人難理解。

5.語不巧故義亦難解：缺少群衆語言的技巧，讓人難理解。

這些缺點容易擾亂自己與聽衆的心，讓聽衆很難理解文句和經義，而不能法喜充滿地接受佛法，所以弘法時不但不能助道，反而障道。

梵音的五種聲音特質

《法華經》說：「梵音深妙，令人樂聞。」梵音爲何微妙吸引人聞法修行呢？關鍵即在其清淨的聲音特質，如《長阿含經．闍尼沙經》所說：「其有音聲，五種清淨，乃名梵聲。何等五？一者其音正直，二者其音和雅，三者其音清澈，四者其音深滿，五者周遍遠聞，具此五者，乃名梵音。」

由此可知，梵音具備五種聲音特質：

1.正直音：聲音必須端正。梵天禪定持身，沒有欲行，所以聲音端正不邪曲。

2.和雅音：聲音必須優雅。梵天心離欲染，愛樂律儀，所以聲音柔和典雅不

（釋果本　攝）

粗獷。

3.清澈音：聲音必須乾淨。梵天持戒清淨，心地圓明，所以聲音清淨透明。

4.深滿音：聲音必須有深度。梵天梵行清淨，心光湛寂無煩惱，所以聲音幽深不淺陋。

5.周遍遠聞音：聲音必須有廣度。梵天的心光瑩淨，普映十方，所以聲音廣遍不迫窄。

梵天能擁有這些聲音特質，皆是因修行嚴謹，梵行清淨，聲音自然也清淨。

因此，我們如果希望自己的梵唱莊嚴，就要像梵天一樣精進修行。

Question

12

梵唄對修行有何幫助？

一切眾生原本皆具如來智慧，但因妄想執著不能證得，如能永離妄想執著，便能發現自身的廣大智慧與佛無異。雖然修學梵唄，不太可能參加一次法會，就斷盡煩惱，但是卻可以達到類似「一念清淨一念佛」、「念念清淨念念佛」的漸修效果，至少當下一念是智慧光明。

梵唄對於修行的幫助，不但當下就能受用，而且可直接整體轉化我們的身、口、意行爲，不但自己的身心柔軟自在，這份安定力量也能感染周遭環境人們同得平安。可以說，身心莊嚴了，環境也莊嚴了，這不正是成就了一方人間淨土？

五種益處幫助修行

佛陀曾說：「唄有五利益：身體不疲、不忘所憶、心不疲勞、聲音不壞、語言易解。」這五種益處都能儲備我們的修行資糧：

1. 身體不疲：身體不疲倦，就能夠有體力精進修行。
2. 不忘所憶：能牢記經典法語，便能活用智慧轉煩惱。
3. 心不疲勞：法喜充滿，道心堅定不退。
4. 聲音不壞：聲音不損傷，口業清淨。
5. 語言易解：說話有智慧，溝通無礙。

梵唄對於我們個人修行的直接幫助爲：

1. 讚歎三寶可修福：梵唄本身即是在讚歎三寶功德，而透過讚歎的熏習，不但能累積我們的修行功德，也能潛移默化、見賢思齊。
2. 攝心息緣可修定：修學梵唄必是放下萬緣，專注當下，身心自然安定。

3.觀照法義可修慧：依文起觀，聞法思惟，自能開啓成佛智慧。

4.懺悔改過可修戒：梵唄能引發內在的眞誠懺悔，悔過自新，自能日漸清淨身、口、意。

而就弘法利生來說，梵唄更是教化衆生的方便，不但能讓社會大衆樂於聞法，感受學佛修行的種種好處，更提供法會共修的機會。

學習佛的梵音相

學佛是學習成佛之道，修學梵唄即是通往成佛之道。佛的功德圓滿，而我們爲煩惱纏身，應從何修改起呢？不妨就先從改變自己的說話聲音開始吧！透過練唱梵唄，體會何爲清淨的梵音？思考佛的聲音爲何能功德莊嚴？

（梁忠楠　攝）

如果我們的聲音能像梵音，甚深如雷、清澈遠聞、聞者悅樂、入心敬愛、諦了易解、聽者無厭，接引人親近佛法的機會也就增多，不就如同代佛說法？雖無佛的廣長舌，但願以清淨法音供養有緣衆生！

2

梵唱有方法

Question

13 練唱梵唄有何關鍵重點?

一般學習唱歌或樂器,無不希望能快速掌握技巧,讓自己的表現能夠一鳴驚人或與眾不同,得到讚美掌聲。然而,梵唄卻大爲不同,最重要的不在於技巧,而在於發心與修行,因此從音聲呈現裡,即能聽出對修行的體會如何。

因此,練唱梵唄需要掌握的關鍵不在於技巧,而在於三個重點:

一、發菩提心、出離心

梵唄也是成佛之道的方法之一,但是如果不發起成佛的菩提心,願隨梵音出離煩惱,所走的道路自然不會是佛道。正如用功修行時,十字街頭好參禪,處處都是可用功的道場。發心也是修行的動機,是爲自利利他而發,希望自己能透過梵唄清淨身、口、意三業，以此成就眾生。發了心，梵唄所唱的每一字都是光明普照的佛音，都是解脫煩惱的法音，修行力量自然源源不絕而來。

二、知梵唄法義與儀軌精神

梵唄制唄，爲方便記憶、理解法義，而中國佛教祖師制懺，也是爲透過依文起觀，讓人可以領悟佛理，生起慚愧、懺悔的情操。因此，音聲只是一種修行助緣，法義才是梵唄眞正的核心。如果不解法義，只是隨眾唱和，便無法理解佛法的智慧。若不能如理思惟、依教奉行，參加完法會依然故我，錯失成長的機會，豈不可惜？

三、梵唱莊嚴和合

梵唱並不追求美聲，但是聲音應當爲和緩平正、深沉攝受、清亮莊嚴、悠遠肅穆的好聲，才能將對三寶的虔敬、對佛法的體會、對過失的懺悔、對眾生的悲

（梁忠楠　攝）

憫，由梵唱展現出我們的願心與願力。梵唱的莊嚴，來自全體參與者不分彼此，皆以清淨、虔敬的聲音供養諸佛菩薩，而能眾聲合和一體，所以不應凸顯個人表現，要融入法會全體之中。

Question 14

可以去哪裡學習梵唄？

有些人以爲只有僧人可以學習梵唄，居士只能參加寺院舉辦的法會修行活動。其實有很多道場都提供學習梵唄的課程。因此，可以透過網路查詢選擇正信道場學習。

培養梵唄人才

寺院開設梵唄班教學的原因，主爲提供人們認識與學習梵唄的管道，希望接引人學佛。而往往在共修處或助念場合，如無法師在場，便需要居士執掌法器，所以需要培養梵唄人才。因此，除了一般的梵唄班，也可看到助念梵唄法器教學課程。

（李東陽　攝）

解行並重學梵唄

梵唄班的課程內容相當豐富，能從中學習唱誦要領與執持法器方法，以及法會儀軌等。課程通常包括：介紹梵唄、認識法器、唱誦方法，並有實際練習。在這些教授與演練裡，不只可認識梵唄與法器，學習技巧，還可以增加對修行的體會，提振道心。

而在完成課程後，不但參加法會共修時，對修行體會能更深一層，並且能隨時協助支援法器。平常自修時，也能更集中專注力，提振悲願心。

Question 15

梵唄可以在家聽CD自學嗎？

學習梵唄就如學習禪修一樣，如果只是看書或影片學習禪坐，可能只是學到外在的姿勢動作，不一定能掌握觀念與方法，甚至方向偏差發生問題，因無老師指導，所以也無法察覺。

梵唄需要口傳心授

如果只是聆聽CD或是播放影片自學梵唄，往往會變成像練唱流行歌曲，就失去了梵唄能根本淨化心靈的功能。而且最重要的是，沒有法師的指導，比較難清楚修學梵唄對修行的幫助爲何，而用於清淨自己的身、口、意，提昇人品，成就道業。

（李東陽　攝）

而梵唄的唱誦學習，和一般學習歌唱的方式完全不同。因為梵唄自古以來，都是口耳相傳，不但沒有現代樂譜，甚至也沒有公尺譜。唱念方式的記譜方法，只用點板，以法器敲唱，至於音量大小、音階高低、旋律過門等，皆依口授。

因此，雖然現代學術研究進行田野調查會用現代樂譜記錄，但是寺院教授梵唄，仍是口傳心授。

缺少大眾共修的力量

共修力量對唱誦梵唄非常重要，一個人在家練習，往往容易打妄念虛擲時間，或是過度在意自己的聲音與身心狀態，而無法透過大眾共修的力量，放下一己煩惱，全心全意融入音聲海裡。

例如〈四弘誓願〉原本為：「眾生無邊誓願度，煩惱無盡誓願斷，法門無量誓願學，佛道無上誓願成。」而在道場千百人法會共修時，大眾共同精進用功所產生的撼動力量，不需任何言語，當下便能體會爲何要發〈四弘誓願〉，以此來自利利他，成就別人即是成就自己。

Question

16

爲何參加法會後聲音沙啞了？

有的人參加法會時，以爲要表現出懇切用功心，最好聲音愈洪亮愈好，聲嘶力竭的結果，嗓子就沙啞了。

放鬆身心莫用力

梵唄應用好聲唱誦，如用粗獷的聲音吼唱，不只會損傷自己的聲音，而且以此供養三寶也有失禮儀。正常的唱誦，梵唱不但可以促進身體健康，還可以讓人恢復活力而容光煥發。如果發現自己唱誦時，聲音緊促、呼吸不順，甚至腰痠背痛，可能是因爲沒有放鬆的關係。

自然呼吸莫緊張

當人身心放鬆時，唱誦不用費力，便能自然氣沉丹田，聲音自然清亮沉穩，而且神清氣爽，愈唱精神愈好。

佛的梵音聲，有一特質是「周遍遠聞音」，雖然聲量不大，卻能妙音遠傳，遠近的人都能聽得清清楚楚。這一種柔軟卻深遠的聲音力量，可以在梵唱時，慢慢地細細體會。

（李東陽　攝）

Question

17

什麼是海潮音與鼓山調？

鼓山調與海潮音是臺灣佛教盛行的兩大梵唄腔調，傳承自中國大陸佛教，南方系統為鼓山調，北方系統則為海潮音。由於海潮音傳入時間為一九四九年後，由外省籍僧人教授國語唱誦，所以又稱「外省調」，較早傳入臺灣的鼓山調則用臺語唱誦，而稱為「本省調」。

鼓山調輕快活潑

鼓山調傳自中國福建鼓山湧泉寺的僧人，因此他們唱誦的腔調稱為「鼓山調」。湧泉寺是福州的第一名剎，鼓山調屬於南方寺院系統，特色為節奏速度快，骨幹音（主音）加花裝飾變化較多，所以需要氣氛比較熱鬧的法會，便會使用鼓山調。鼓山調常用於普濟法事，如水陸法會儀軌。

（李東陽　攝）

海潮音莊嚴攝心

海潮音由中國浙江省與江蘇省僧人傳入臺灣，旋律比較簡單，速度較爲舒緩平穩，所以需要莊嚴攝心氣氛的法會，適合用海潮音。海潮音的特色如其名稱，唱誦者間的音聲如海浪般和諧，連綿不絕，可依個人氣息長短、強弱來唱誦。海潮音常用於朝暮課誦，以及修行爲主的法事。

Question

18

梵唄可以讓人變得更有威儀嗎？

所謂的威儀，威是威德，儀是儀態，能使人肅然起敬者是威，使人起而效法者是儀。如果一個人能夠以自己的聲形容貌，讓人尊敬且希望效法學習，便是有威儀的人。

讓人對學佛心生嚮往

我們發心修學梵唄，除了希望能以此清淨自己的身、口、意，也是希望這一清淨力量能夠影響大眾一起學佛修行。例如前往醫院或住家協助助念時，如果沒有威儀，聲音吵雜，態度隨便，將很難讓往生者家屬產生信心和尊敬。反之，當他們看到每位助念居士的舉手投足都穩重安定，梵唄聲音莊嚴祥和，可能會因此而想要學佛。

威儀包括身、口、意三儀，佛教非常注重威儀，八萬四千細行都是修行重點，一舉手、一投足，舉心動念處，全部生命的動靜運作，皆是用功辦道的場合。

威儀是一種生活態度，也是一種生活習慣，要由日常生活中養成，但是在緊張忙碌的生活裡，我們往往很難靜下心來看看自己說了什麼、做了什麼，更難觀察到自己是如何動念說話、動念做事，所以無法優雅而從容不迫地靜觀世界。

梵唄莊嚴身心

唱誦梵唄能讓我們微細觀察自己的身心世界，對自己的不足感到慚愧，並生起精進向上的願心，來調整、改善平常疏忽的言行、想法，由轉粗心爲細心，轉急躁爲安定。聖嚴法師便曾於《法鼓晨音》勉勵人：「若能時時向內觀心，此人一定威儀整齊，而且表現出沉著、平實與穩定的風範。」

眞正的威儀，是由內而發的自然呈現，並非只是言談行爲的彬彬有禮。就如梵唄的莊嚴，並非只是板眼正確、唱誦無誤、行禮如儀，而是因爲大衆能同心同願，唱出那一份深刻的澎湃願海。因此，只要用心熏習，唱誦梵唄能讓我們煥然一新，愈來愈有威儀！

Question

19 爲何要聽維那法師起腔才接唱？

梵唄唱誦要流暢圓滿，大眾必須要配合維那法師與悅眾法師，不能各唱各的，七零八落。

協助定調與集中注意力

維那法師爲負責法會起腔領唱者，而其他執掌法器的法師，則稱爲悅眾法師。當維那法師起腔唱出第一句後，大眾要一起接腔接唱，而當轉換段落時，維那法師會送腔拉長音，方便大眾接唱。

爲何法會梵唱不像一般合唱，大眾一起齊唱，而需要維那法師先起腔，大眾再接唱呢？因爲法會是大眾共修的修行活動，需要維那法師協助定調，確定音調

（李東陽　攝）

不會過高或過低，適合大眾唱誦，並且也讓大眾可以因此集中注意力。

勿影響他人用功

雖然法會是團體共修，如果自己未接唱，或是分心打妄想，可能也沒人知道，但這即表示自己修行未用心，不夠專注。在隨眾梵唱時，如果搶拍先唱，可能會影響到整體凝聚的莊嚴氛圍。因此，要留意維那法師的起腔，配合接腔，才能融入大眾共修。當自己的聲音能和諧地融入團體中，其實也正是放下自我，成就大眾。

Question

20

如何聽懂法會的梵唄訊號指示？

法會是由維那法師負責維持秩序，因此整體法會的節奏順序，大眾都需要配合維那法師的引導，不能各行其是，才能井然有序。

動作要整齊一致

雖然維那法師會起腔，大眾一聽就知道法會的梵唱開始了。但是，法會從開始、過程到圓滿結束，維那法師都不會用說話方式，逐一解說法會進行的項目，那麼大眾如何得知何時該做什麼事呢？例如何時該問訊、拜佛？何時該合掌、放掌？

想要知道法會動作指示，這時靠的就是法器。因此，梵唱時不只要隨著維那法師引導，配合大眾唱誦，還需要注意法器的聲音，才能夠隨眾動作整齊一致，不會特立獨行。

注意大磬與引磬敲擊聲

維那法師執掌的「大磬」，大多用於指揮「腔調」，悅眾法師執掌的「引磬」，則用於指揮「行動」。

大磬：敲擊時，表示起腔、收腔、合掌、放掌，唱誦佛號也會使用。

引磬：敲擊時，表示問訊、轉身、禮佛。有時也為蒙山施食等特定動作的指示。

通常寺院的大磬與引磬，分別由兩位法師執掌，但有時人數較少，也可能由維那法師同時負責。參加法會共修時的動作引導，重要的是聽法器聲音判斷，而不是觀看法師的動作行爲，這樣也能幫助大眾專心唱誦。

學會了仔細聆聽大磬與引磬的指示，就不需要一直看旁人做什麼，再急忙跟著做，而能從容不迫地全心全意投入法會梵唱。

Question

21

佛教爲何不統一梵唄的腔調唱法？

中國地大物博，幅員遼闊，民族衆多，佛教梵唄的腔調自然也類別豐富。

南腔北調皆佛言

由於中國的各地方言衆多，實在很難統一唱腔。而佛教課誦本，也不提供旋律的標示，唱誦經文沒有既定的旋律，便隨各地方言，而有曲調之別。

所謂的南腔北調，共可分爲九腔十八調。然而，中國各地的聲調雖然有不同，但是七聲的板卻是相同的，可說是大同小異。梵唄唱誦分有起腔、接腔、送腔；有書腔、道腔、藥師腔等不同唱腔；又有新板、舊板、快板、慢板等分別。

（釋常鐸　攝）

《維摩經》說：「佛以一音演說法，眾生隨類各得解。」無論使用哪一種唱腔、哪一種聲調來唱誦佛經，只要心得解脫，眞解佛語，便是與佛心心相印，所以不需要統一語言和唱腔。

法音普傳廣流通

佛法的弘化方式，有因事制宜、因時制宜、因地制宜的善巧方便，所以不需要勉強統一語言與腔調，反讓人難解其義。欲令法音宣流，最重要的還是梵唄是否能讓人聞法入心？能否歡喜信受？才能海納百川，有容乃大。

Question 22

爲何梵唄共修要讓自己融入大衆？

梵唄有一個團體精神，即是「六和敬」。梵唱要唱得法喜，需要能與團體相處和樂，互敬互重，才能共同成長。如果太過個人主義，處處計較，梵唱恐怕很難與人諧和。

六和敬原是僧團生活的六種和敬，寺院不論是朝暮課誦或生活作息，都是以此維持尊重和諧的秩序。僧團依六和敬法則，而稱和合僧：

1. 身和敬：禮拜等的身業相同相敬。
2. 口和敬：讚詠等的口業相同相敬。
3. 意和敬：信心等的意業相同相敬。
4. 戒和敬：受持的戒法相同相敬。
5. 見和敬：對佛陀的教法見解相同相敬。

6.利和敬：衣食等的利益相同相敬。

梵唄共修是團體活動，最重視全體和合，也可以六和敬來與人和睦相處，諧和音聲：

1.身和同住：行爲謹慎有威儀。與大家互動和諧，秩序守禮，不產生衝突。

2.口和無諍：法會規定不能聊天，共修時應無語言爭執，能清淨口業。

3.意和同悅：參加法會者皆志同道合，所以大家的心都是和樂的。

4.戒和同修：要尊重寺院與團體規範，遵從維那法師指導，和諧相處。

5.見和同解：尊重團體見解共識，不一意孤行。

6.利和同均：以自利利他精神共同學習，平等分享共修資源。

如果人人都能以六和敬互相尊重，便是互爲修行護法，成就彼此的道心。

Question

23

梵唄會干擾禪修嗎？

禪修的目的是明心見性，恢復我們本來的清淨面目，但是禪坐時總有揮之不去的煩惱，讓人愈坐愈不安，該怎麼辦呢？

梵唄有益淨心參禪

隋代天台智者大師結合懺悔與禪修，制定三昧懺法，即是爲幫助人懺罪清淨，而能安心修行，進而入禪定、開智慧。而後許多中國佛教高僧也相繼制定許多懺法儀軌，讓修行者禪修有入道方便方法。

中國佛教目前使用的課誦內容，主要出自《禪門日誦》，以禪宗的課誦爲主軸，禪宗會將課誦視同參禪的功課，即是因爲梵唄的誦經、持咒、拜懺等，皆可助人明心見性，直了成佛。自百丈懷海禪師建立《百丈清規》以來，梵唄幫助了無數禪門祖師大德淨心參禪。

祖師可以如此成就禪修道業，我們當然更應用心學習。因此，不論是做早晚課，或是參加法會拜懺，梵唄皆可以幫助禪修。

梵唄適合做爲禪修的前方便，但是如果已在禪堂禪坐，或是在家以禪坐爲每日定課，禪修當中便不適合梵唄，以免影響觀照身心與入定。

禪修的助緣或障緣

如《中阿含經》說：「禪以聲爲刺。」不論是在禪坐前唱誦，或是禪坐時回想，梵唄在此時都會變成干擾，而非助緣了。如《四分律》所說：「若在寂靜之處思惟，緣憶音聲，以亂禪定。」畢竟，禪修時應以使用的禪法爲方法，太多的

（梁忠楠　攝）

外緣反成分心障礙。而且人對於聲音，還是容易有攀緣心，無法專注於禪修。

因此，禪修的時候，要視情況做功課安排，讓梵唄成爲禪修的清涼法音，而非噪音干擾。

3

認識梵唄法器

Question

24

什麼是法器？

法器的意思爲佛教的道器，指修習佛法所用的器具，用來做爲修行。

修學佛法的器具

法器也稱佛器、佛具、法具或道具，廣義來說，凡寺院內有關莊嚴佛壇，用於祈禱、修法、供養、法會等各類佛事，或念珠、錫杖等修道用具，皆是法器。

如以用途來說，可分爲六類：

1. 莊嚴道場的佛具：如佛壇、幡等。
2. 供養佛菩薩的佛具：如香花、燈、香爐等。
3. 集眾報時與梵唄讚誦的法器：如梵鐘、鼓、磬、木魚等。
4. 置物用的法器：如佛龕、經箱等。

（李東陽　攝）

5.僧人生活的器具：如念珠、錫杖等。
6.密教的法具：如金剛杵、金剛鈴等。

行事皆依法器為準則

如果以狹義分類，常指集衆報時與法會梵唄的法器。法器是寺院大衆所共遵的訊號，一切行事皆依法器爲準則。如晨鐘暮鼓，表示一天作息的開始與結束。而在法會裡，法器能引導唱誦節奏，讓大衆跟隨法器整齊唱誦，井然有序。

法器的聲音，除了清淨安定，更帶有一種勉勵人精進不息的精神。因此，聽聞法器聲響，我們要自勉成爲能弘揚佛法的眞正法器。

Question

25 梵唄法器和一般樂器有何不同？

佛教梵唄用的法器，很多原本都是樂器，因此很多剛學佛者會很好奇，爲何要稱樂器的鼓爲法器呢？佛教何不與時俱進配合潮流喜好，使用現代樂器代替傳統法器呢？

佛教音樂適合豐富音色的樂器

如果是佛教音樂的創作，確實可用更多元豐富的國樂樂器，加入琵琶、古箏、笛、簫等；甚至可以使用西樂樂器，加入小提琴、鋼琴、銅管樂器、木管樂器等。使用電子合成樂器編曲佛教音樂，其實也早已是時代趨勢。但是這些都是用於欣賞的音樂，容易讓人情緒波動、心情不定，與修行所需要的專注靜慮，恰恰背道而馳。

執掌法器與演奏樂器的態度不同

因此，即使有的法器原本是樂器，一旦使用於佛教的梵唄，因著使用目的、態度不同，功能自然也不同，展現出的梵音風格也和一般音樂截然不同。正如修行者和音樂家的擊鼓聲，前者是爲助人捨離欲望，收攝身心，體會無我空性；後者則會力求變化，展現自我特色，希望讓人耳目一新。

修行之道與音樂之道，兩者的目的地不同，法器與樂器所展現的生命風光，當然也不同。

Question 26

爲何說法器是龍天耳目？

法器被稱爲「龍天耳目」或「龍天眼目」，因爲只要敲動法器，天龍八部衆護法一聽到就會立即遵照號令行事。

讓龍天護法歡喜修福修慧

梵唄課誦對龍天護法來說，是修福修慧的機會。是護持佛弟子順利修行的修福時機，也是聽聞佛法的修慧時機，能引導他們生起歡喜心、恭敬心學法，明白解脫生死的智慧。

因此，練習法器前，必須先向上問訊，雙手合掌說：「弟子某某練習梵唄，請諸護法龍天免參。」避免龍天護法誤以爲有法會，而前來聚集護持。畢竟在練

（李東陽　攝）

習過程中，有時候可能會唱錯經文，或是敲錯板眼，假如龍天護法聽到了，可能會因爲佛弟子練習法器不如法，而起了瞋心。

法在恭敬中求

不論是平日練習或正式排班，敲打法器都須懷著虔敬的心，皆應以威儀的態度來對待「龍天耳目」。如果不用心執掌法器，不但護法龍天不願守護，聽到的人也想退避三舍，便失去了法器讓人歡喜聞法的意義。因此，不管是否有龍天護法的護持，「法在恭敬中求」，就是一種基本的求法態度。

Question

27 什麼是板眼？

在學習梵唄前，要先學會看懂課誦本內，關於節奏和法器的標示，這些標示都位於唱誦的主文旁，能一目瞭然。

板眼是節拍

板眼簡單來說，是節拍的術語，「板」是較強的拍子，「眼」則是較弱的拍子。有了板眼，只要記得音的高低，就能依著符號敲打法器拍數。

寺院除了朝暮課誦，還有不同法會的需求，而發展出以課誦本為基礎板眼形式的變化板式。因此，課誦本的板眼稱為「正板」，變化板式的板眼稱為「花板」。

之云耳今輒敘夫故實標顯先獻庶
幾開卷若禮若誦者知前賢事跡之
有端由歷劫果因之不昧也
戒定真香
淨口業真言
唵 修利修利 摩訶修利 修修利
娑婆訶
淨身業真言

（王育發　攝）

要掌握法味韻律

而學習梵唄板眼，縱然可以知道基本板式，但有時課誦本只標示板，而不標出眼，所以還是需要跟著法師一句句學習，才能掌握梵唱與法器的法味韻律。

Question

28

執掌法器有何要領？

執掌法器的要領，與唱誦梵唄一樣，最重要的還是在於心態。如果心能與佛法相應，自然起恭敬心，透過一次次練習，更深一層體驗法義，便能感受到不只自己敲擊的是法音，所在的世界也是法音遍響。

一、心態恭敬，威儀莊嚴

由於法器是龍天眼目，一用法器便等同召集十方龍天護法與會，所以要以恭敬心執掌法器。如果平日也能做定課更佳，像是以早晚課、禪坐、念佛、誦經等，培養安定的身心。

而無論是練習或排班執掌法器，都要留意佛教禮儀與舉止威儀。從基本的問訊、禮佛，到執掌法器的動作，都要如法，心態莊重，莫因日漸熟悉而起傲慢心。

二、**練習正板，熟練法器**

學習法器應以正板爲主，不要爲求動聽而刻意做變化，或反先練習花板。法器的功能是用於修行，幫助修行者保持清淨心與培養穩定性，所以不應追求演奏技巧與豐富的音樂性。

學習法器，除了自己所執掌的法器要用功熟練，熟悉練習的課誦內容與板眼，也要認識其他相關的法器，才能順暢配合。

三、**配合全體，不凸顯個人**

執掌法器的關鍵在於，能協助大衆用功調心，相互和諧配合整體唱誦。因此，不應刻意敲得過於大聲，凸顯個人而引人側目，要配合整體需求調整。執掌法器的要領，不在於個人表現是否出色，而在於能否融入全體音聲海裡，如此一來，自己的種種執著煩惱都能消融，只有一片清涼法音，讓人聞聲即得安定。

Question

29

法器未敲好，對共修有何影響？

梵唄是一個團隊合作的呈現，法器的敲擊會牽一髮而動全身，影響很大。

板眼失序影響唱誦順暢

板眼如果不到位，會影響唱誦者的順暢度，忽快忽慢，不但節奏失序，而且也造成換氣不順。宜留意不能搶板、拖板，搶板是還沒有唱誦完，法器卻已先敲擊；拖板則是經句已唱誦完，法器卻尚未敲擊。

帶動大眾精進不息

如果是在法會中，發生板眼不正確情況，可能會讓大眾唱誦起始不一，影響整體法會的莊嚴感。更重要的是，可能讓參與者起心動念，原本應是隨著梵唄，

（梁忠楠　攝）

一板一眼地調整身心，化解煩惱，結果因此而無法集中精神，分心散亂了。

即使是一聲引磬，或是一聲木魚，從人的威儀舉止到法器聲音，都可以讓人知道執掌法器者的身心情況，不論是心浮氣躁，或是精神恍惚，都能從中察覺出來。而這樣的浮動或散漫氛圍，也會擴大影響到其他人，反之，如果是精神集中，沉穩莊重，也能帶動大家一起提振道心，圓滿眞正的共修。

Question

30

節奏感很差，是否不適合練習法器？

很多人以爲節奏感是天生的，其實大多需要經由學習與反覆練習，才能掌握節奏。而發心練習法器，不但可培養節奏感，更可鍛鍊心性。

修行體會的深淺

學習法器不同於學習樂器，重點不在於音樂性的表現，反而是在於對修行的體會，對修行的體會愈深入，敲出來的聲音就愈莊嚴。

梵唄也是一種自律精神的體現，透過練習法器，也是在學習威儀、儀軌，讓自己的言行舉止有節度，態度優雅大方，受人尊重。

（施純泰　攝）

修行和生活軌範有板有眼

當能時時自我觀察、調整身心情況，原本急躁的個性便能慢慢調柔，慢慢莊重不輕浮、不急躁，言行有了軌範，生活有了節奏，敲擊的法器聲自然有板有眼，能莊嚴攝眾。

Question

31

助念時執掌法器，有需要特別注意處嗎？

聖嚴法師曾說：「以佛教的立場來看，死亡不是喜事，也不是喪事，而是莊嚴的佛事。是亡者走上成佛之道的起點或過程；而對參與佛化喪儀的人，則是修學佛法的機會。」因此，助念是莊嚴的佛事，執掌法器應先莊嚴自己的心，才能成就圓滿的佛事。

莊嚴的心讓法音宣流

什麼是莊嚴的心呢？即是恭敬、尊重的心，如送一尊佛回到佛國淨土般禮敬往生者。因此，心中沒有恐懼害怕，也不會擔憂緊張，只有祝福與法喜。心莊嚴了，行為舉止自然也莊嚴了，敲出的聲音自然是法音宣流。

菩提心與長遠心

雖然協助助念的環境地點不同，協助的家屬對象也不同，但都應以無私的奉獻精神，盡心盡力平等對待。執掌法器時的心態，則除以平等心對待眾生，以平常心敲擊法器，更要留意能不能發菩提心與長遠心，協助眾生同成佛道？

如此可以練習擴展自己的心量，不因助念時緊張害怕敲錯法器，或是憂心民間「沖煞」的說法，或者只是按表操課、敷衍了事，而能夠提起清淨道心，放下種種煩惱牽掛，眞正與菩薩法侶們同行佛道。

Question

32

執掌法器時，如果敲錯怎麼辦？

法會是否能順利進行，大眾是否能和諧梵唱，職掌法器者扮演著重要的關鍵性角色。

影響大眾修行

法器如果敲得好，就能夠讓大眾身心安定、法會井然有序、道場氣氛莊嚴，反之，則會讓人起心動念，全場浮躁不安。因此，如果敲錯法器，影響大眾修行，是需要懺悔的。

回到當下

但是，如果是在法會進行中，發現犯錯而無法修正該怎麼辦呢？這時最好的方法，便是「回到當下」，不管過去敲錯什麼，也不去想未來會不會再犯錯，一心一意專注當下。如果陷入愧疚感而自責不已，反而會更加緊張不安，思緒紛亂而無法專一。

因此，放下錯誤，回到當下，放鬆身心，保持專注，才是最重要的事，也是修行工夫的鍛鍊。

（吳嘉峯　攝）

Question

33

爲何梵唄法器都是打擊器，不用弦樂器？

梵唄法器只使用無旋律的打擊樂器，而不使用弦樂器的主要原因，是因爲便於收攝身心，專注修行。

清澈靜穆的法音

弦樂器的豐富音色旋律變化，容易引發人的情感與回憶的情緒煩惱，甚至可能眷戀美聲而失去正念。打擊器的聲音特質，則清澈乾淨，有助於修行者專注當下，依著法器調節身心，隨文起觀，不起雜念。因此，打擊器特別適用於梵唄。如佛教梵唄使用的法器響聲都是單音，像鼓聲咚、咚，或木魚聲篤、篤，聲音都是清澈俐落，沒有絲竹樂的餘音嫋嫋。

如同聖嚴法師於《火宅清涼》所說：「在慧皎《高僧傳》的〈唱導篇〉及道

宣《續高僧傳》的〈雜科聲律篇〉中，認爲佛教音樂的功能和目的，是在『宣唱法理、開導衆心』；『集衆行香，取其靜攝專仰也』。主張以安靜、悠遠、肅穆、平和爲尚，而反對『淫音婉變、嬌弄頗繁』。法器的伴奏，主要是爲達到清澈靜穆的效果，所以只用簡單的打擊樂器而不用管弦樂器。」

打擊器打破妄想執著

雖然，中國傳統民間法會不但可能使用弦樂器的三弦、琵琶、大胡、二胡，甚至還有吹管樂器的笛、簫、嗩吶、海螺，但這些屬於花式佛事，並非正統寺院的梵唄法器。或是如現代佛教音樂的音樂演出，也有弦樂器、吹管樂器，比較重於藝術性的音樂欣賞，與梵唄修行的鍊心目的不同。

梵唄打擊器的聲音特質，能助人打破妄想執著，了了分明心念變化，領略人生如夢，而能遠離顛倒夢想，踏實修行。

（李東陽　攝）

Question

34

鐘的功能是什麼？

鐘是寺院報時、集眾所敲擊的法器。寺院的暮鼓晨鐘，千百年來讓人對法音充滿嚮往。〈叩鐘偈〉更是感動無數人：「聞鐘聲，煩惱輕；智慧長，菩提生；離地獄，出火坑；願成佛，度眾生。」佛教的法器都是為度眾悲願而響，梵唱也是為此而唱，而渾厚悠遠的鐘聲力道，特別具有撼動力。

中國佛教依中國鐘的形制鑄鐘

印度佛教原是以敲擊木製的犍椎來召集眾人，傳入中國以後，改依中國鐘的形制鑄作，具有多種用途與不同樣式。例如有報時、集眾的鐘樓梵鐘，也稱大鐘、洪鐘、釣（吊）鐘、撞鐘；有主持上殿行香所鳴的殿鐘；有僧眾過堂用齋所擊的堂鐘，又稱齋鐘……。而中國寺院專司「曉鐘、昏鐘、齋鐘、定鐘」四時鳴鐘的執事僧，則稱爲鐘頭，負責按時敲叩。

鐘的無量功德遍十方

鐘對於修道，具有大功德。如《增一阿含經》說：「若打鐘時，一切惡道諸苦，並得停止。」而我們聽聞鐘聲，也能暫得休息，停止熱惱的逼迫，所以說「聞鐘聲，煩惱輕」。甚至對臨終者，也有大助益，因爲聽聞鐘聲，可以消除對生死的恐懼，能生善心，增長正念，安詳往生。

《敕修百丈清規．法器章》說大鐘：「叢林號令資始也。曉擊則破長夜警睡眠，暮擊則覺昏衢疏冥昧。」寺院的鐘聲沉穩悠遠，上徹天堂，下通地府，皆爲護念衆生的悲願而發，我們聽聞鐘聲應願衆生同被敲醒，同得光明智慧。

（釋常鐸　攝）

Question
35

鼓的功能是什麼？

鼓是常見的打擊樂器，世界各國都有各具特色的鼓，用於不同場合中，如舞台、戰場、殿堂等，具有鼓舞、歡慶、警示的多種作用。而鼓在寺院裡，也是非常具代表性的法器，具有集眾、報時、梵唄等功能。

佛陀使用鼓集眾

佛教為何會使用鼓為法器呢？據《四誦律》說，有次佛陀召集僧眾，結果大家都不能準時到達，秩序紛亂，用唱誦和打犍椎的方式都無法遠傳，讓人聽見，所以佛說應該敲擊大鼓。後來在高處打鼓，果然鼓聲遠傳後，僧眾都能按時到達。因此，鼓就成為佛教重要的集眾法器。

佛教和民間所用的鼓，原來並無區別，可是佛陀發現僧人使用的鼓，很多是以華貴的金、銀、玉石製作而成，不符合佛教樸實離欲的修行精神，而規定佛教的鼓應使用銅、鐵、瓦、木等材質，所以佛教的鼓基本都是木質材料，也少見銅鼓、瓦鼓。

鼓的功能隨時代變化

佛陀時期的鼓，多用於誦戒、用餐、聽法等時候集衆用。後來寺院於早起夜寢時，規定以擊鐘鳴鼓爲號令，而後將鼓納入了梵唄讚誦中。

由於鐘與鼓分別置於大殿前方左右兩側，於是自古以來便有「左鐘右鼓」之稱。現今寺院使用的鼓，多爲矮桶形狀，大鼓通常懸掛在鼓樓中，或位於大雄寶殿廊檐下；至於中、小型的鼓，則置於專門的鼓架上；更小的鼓如手鼓，便使用手捧持敲打。

（釋常參　攝）

在中國佛教傳統寺院中，鼓的種類非常衆多，包括法鼓、茶鼓、齋鼓、曉鼓、昏鼓、更鼓、浴鼓等，但多已隨著時代需求不同而消失。然而，法鼓能激勵人發願用功的力量，是永不改變的。特別是處身於紛紛擾擾的世間，往往容易迷失人生方向，可以法鼓激策自己勤修佛法，常保光明心，行光明路。

Question

36

木魚的功能是什麼？

木魚是寺院用於集眾和修行的法器，又稱魚鼓、魚板或木魚鼓。爲何寺院會以木魚爲法器呢？因爲魚在晝夜六時當中都不閉眼，所以寺院懸掛長條木刻的魚，做爲象徵修行人爲法忘軀，精進不懈的勉勵。

攝心提神，避免昏沉

原本木魚只掛於廚房、齋堂或庫房，用於集眾，也名爲魚梆或飯梆。而到明代以後，木魚演變成頭尾相接、魚身圓形中空的造型，成爲梵唄的法器。

木魚以木雕刻，配合魚身中空的共鳴腹腔，讓聲音清脆遠傳而沉定，具有攝心的效果。因此，唱誦梵唄時，木魚攝心、提神的功能，及穩定的節拍，除讓人

（王錦河　攝）

避免昏沉妄想，規律的節奏，也能讓誦經具有韻律感，保持不疾不徐的一致速度用功。

提振道心，精進不懈

大木魚放在桌墊上敲擊，小木魚則是拿在手裡敲擊。敲擊木魚要綿綿密密，施力平穩，不可忽輕忽重、忽緩忽急。如果需要快敲，應該由緩入急，漸漸加速。

明白木魚的意義及作用後，在聽到木魚聲響時，便可提振道心，提醒自己精進不懈。

Question

37

磬的功能是什麼？

磬是中國古老的民族樂器，但是佛教的磬和樂器的磬不同，爲鉢形的法器，於早晚課誦、法會誦經時使用。佛寺所使用的磬，共有扁磬、大磬（即圓磬）、引磬（即小手磬）三種。

扁磬的形狀與雲板類似，多以石製，懸掛在方丈院門廊，功能在於通報，例如有訪客欲拜見方丈，可鳴磬三下。而大磬與引磬的功能，則是用於梵唄的法器。

大磬是梵唄法器首腦

置於佛殿的大磬，可說是梵唄法器的首腦。大磬爲銅製的法器，口徑多爲一尺到二尺間，置於佛龕右側，以槌敲擊。大磬的功能爲在梵唄時，可指揮大眾起始轉合，段落收放一致，讓眾人的唱誦聲調整齊劃一。比如起腔、收腔、合掌、放掌時，都能有條不紊。大磬的音聲鏗鏘，悠揚清遠，有振作心神的作用。

引磬能引導大眾

引磬得名的原因，在於它的功能為引導大眾。引磬的由於便於攜持，所以也稱為小手磬或小磬。引磬常用於引導動作，如問訊、轉身、禮拜，讓大眾的動作能井然有序。此外，在不敲鐺、鉿、鈴鼓時，引磬在必要時會配合木魚做為板眼。

清亮悠揚的磬聲，能讓人免於昏沉，不妨隨著一聲聲的磬響，體驗什麼是一念清淨一念佛。

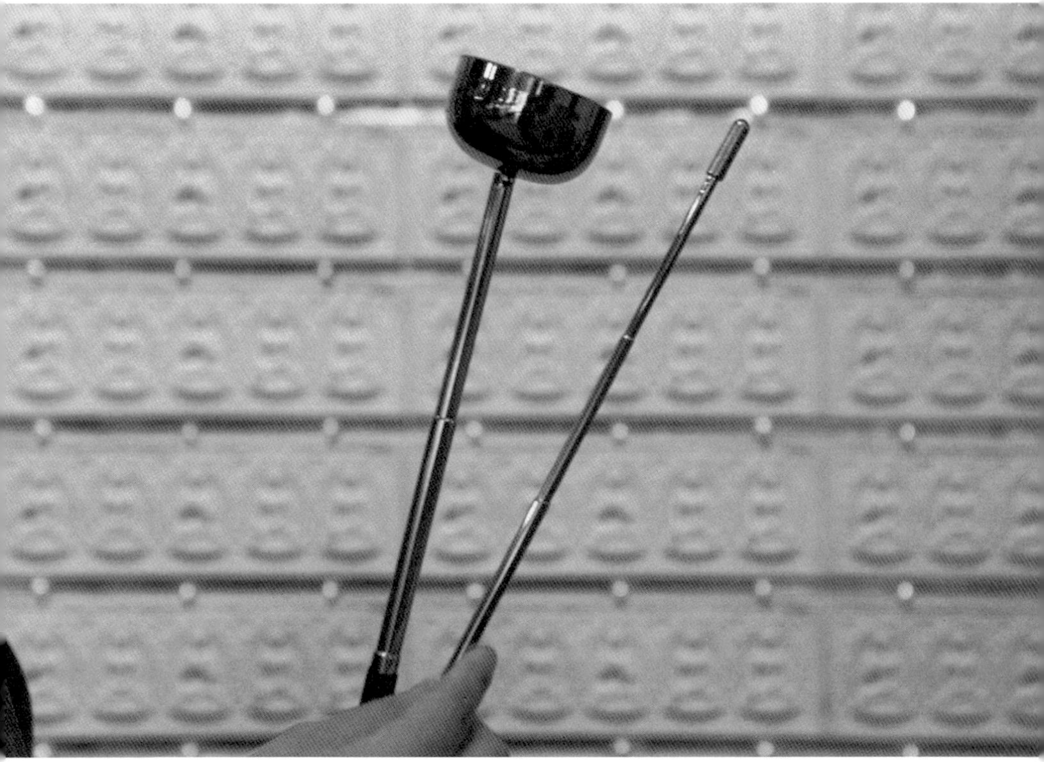

（法鼓文化資料照片）

Question

38 鐺子、鉿子、鐃、鈸的功能是什麼？

鐺子和鉿子都是佛教唱誦讚偈的重要唄器，皆由銅片製成，兩者配合板眼，控制節奏，用以伎樂供養。

照面的鐺子，平胸的鉿子

鐺子形狀像一個小圓盤，以鐺椎敲擊。讚偈唱誦的快慢，需要以鐺子來帶動大眾的速度。所謂「照面的鐺子」，手持鐺子時，要像拿鏡子照面，不能距離太遠，也不能歪斜。

鉿子爲圓盤形，中央部分隆起一圓，使用時，兩手各持一面銅盤，互相撞擊鳴奏。所謂「平胸的鉿子」，不敲擊時，手捧鉿子的高度，不宜太高或太低，要平持於胸口。

鐃、鈸莊嚴盛大法會

鐃與鈸其實爲兩種不同樂器，只因形狀太相似，後來混稱爲鐃鈸。

鐃、鈸本是民間樂器，後來成爲佛教的禮讚法器。鐃與鈸的中間都有凸起處，鐃的凸起部分比鈸的大，在音質上，鐃的音色較響亮而餘音較長，鐃的音色較渾厚而餘音較短。如《樂邦文類》所說：「初集鳴鐃鈸，唱佛歌讚，衆人念佛行道。」鐃、鈸法器讓法會活動顯得更法喜盛大。

（梁忠楠　攝）

4

妙音供養利人天

Question
39

梵唱總是唱得上氣不接下氣，可否只聽不唱？

剛開始參加法會練習梵唱，難免因爲不熟悉流程與課誦內容，所以會覺得過程總是很趕，跟不上大眾速度。有的人便會心想，是否可以不唱，只要配合大家的法會動作跪拜，這樣參加法會比較輕鬆，動作也比較不會出錯。

唱誦才能集中專注力

參加法會如果不唱梵唄，看似人在現場，但其實心不易集中、專注，甚至會打妄念，也就是人在心不在，如何能體會到佛法的攝受力呢？就如上課如果不專心聽講，便無法學到老師的本領。當我們能夠專注唱誦，並融入整體梵唄，頭腦就不會妄念紛飛。有時只聽別人唱誦，頭腦沒有需要專注的對象，心就特別容易胡思亂想。

（王育發　攝）

梵唱總是唱得上氣不接下氣，可否只聽不唱？

梵唄是一種修行，即在於我們平常的心都是散漫的，而透過專注聽自己唱，專注自己的每一個動作，也專注於聽維那法師、法器、大眾的聲音，我們會慢慢集中心力，培養出定力，進而開發出清明的智慧。

自然呼吸、自由換氣

如果容易唱得氣喘吁吁，也許是因緊張而控制呼吸，或不知如何換氣。唱誦宜自然，不只自然呼吸即可，換氣也是自由換氣，任何一字或一句都可以換氣，不需要憋氣。法會時，每個人在不同時間換氣，唱誦才不會同時無聲，使得聲音中斷。

梵唱不順，只要多參加幾次法會，就能找到調適之道，體驗到放鬆身心、促進健康的好處，自能開心自在。

Question

40

不了解唱誦的內容，功德是否會打折？

由於梵唄非常莊嚴悅耳，很多人只要一聽到清亮梵音，心就安定了，所以很喜歡參加法會，體驗被佛菩薩祝福的安心喜悅。但是問到經文的內容，可能會一問三不知，覺得只要參加大悲懺就會得到觀音菩薩加持，參加地藏法會就會得到地藏菩薩保佑，能這樣得到修行功德就足夠了。

莫入寶山空手而回

參加法會確實能增加功德，那是因為我們聽聞了佛法受用於心，能夠因此知道解脫生死煩惱的智慧，而用功修行戒、定、慧，這是諸佛菩薩送給我們的珍貴法寶禮物。如果我們參加法會卻不解經文法義，如同收到禮物卻不拆開使用，等於入寶山空手而回，實在是辜負了佛菩薩的一番美意，也辜負了自己的修行。

南無本師釋迦牟尼佛
南無阿彌陀佛
南無彌勒尊佛
南無龍種上尊王佛
南無龍自在王佛
南無寶勝佛
南無覺華定自在王佛
南無袈裟幢佛
南無師子吼佛
南無文殊師利菩薩

（李東陽　攝）

學佛功德

什麼是功德呢？《勝鬘寶窟》說：「惡盡曰功，善滿稱德。又德者，得也；修功所得，故名功德也。」也可以說，修行是功，身心清淨是德。如果我們的智慧不開，如何以修行方法幫助自己惡盡善滿？如何能如佛清淨自在呢？

因此，不論是對於所唱誦的經文內容，或是儀軌涵義，甚至是隨文起觀的方法，都需要依著經文所說如實觀修，了解其意義，聲合於文，文入於聲，心口合一。這樣才能開啓內在的覺性，才能懂得諸佛菩薩的功德所在，不再當面錯過如來寶藏了！

Question

41

天生五音不全，是否不適合唱梵唄？

人們通常都喜歡聆賞美聲，所以會讚美歌聲動聽的人，而不太鼓勵缺乏音樂細胞的人唱歌。但是對於佛菩薩來說，只要是用心讚佛，所有的聲音都是供養，所以不需要因爲歌喉欠佳，而以爲自己不適合參加法會唱梵唄。

不求個人聲音表現

梵唄是大衆共修的聲音海，不論是男、女、老、少的聲音，最後都會匯合成諸佛菩薩願海。因此，廣大衆音能否合一爲清淨法音？最重要的是整體聲音是否和諧，而不在於個人聲音表現。

如果爲追求美聲，而用假音、抖音或裝飾音唱誦，陶醉於自己的聲音；或像是希望飆高音，或是唱大聲壓過別人聲音，這些希望表現自我的方式，其實都是

（梁忠楠　攝）

天生五音不全，是否不適合唱梵唄？

煩惱執著的聲音，不是清淨的聲音。應當如實唱誦，不加入個人自我表現。

以真誠供養心轉化煩惱心

反之，如果擔心自己聲音難聽，總是五音不全而走音，而故意小聲、低聲，或是索性閉口不唱，這些也都是煩惱心的展現，而非供養心。不清淨的不是聲音，而是害怕擔憂的心。

梵唄是以清淨離欲的音聲，歌詠讚頌三寶，因此，不論是喜歡或討厭自己的聲音，在梵唱時都要留意自己的心是否純淨，而非聲音動不動聽，那就是最好的供養了。

Question

42

旁人梵唱難聽到影響自己怎麼辦？

梵唄，不論是自己唱誦，或是聽別人唱誦，都是一種修行。自己唱誦是用功修持，同時也能成就他人的修持。

心懷感恩

每個人的聲音特質都不同，但都同爲成就法會不可或缺的重要因緣，所以對於所有能排除萬難來參加法會者，都應心懷感恩。給別人成長的空間，才能成就自己的修行因緣。

唱誦會對別人產生干擾，往往是因太過大聲，拉開嗓門放聲唱，有的人會走音、破音，或是拖拍、搶拍。通常法會的監香法師發現時，會適時提醒。

（鄧博仁　攝）

平常心對待

有的人以為法會的梵唱聲音應該都很悅耳動聽，其實不論好聽或不好聽，我們都應以平常心對待，聲音只是聲音，不因好聽而喜歡，也不因難聽而討厭，不起情緒煩惱。

如果我們自己因為別人的聲音難聽，而起心動念，要將注意力回到自己身上，更專注於唱誦，這樣便能減少外境的干擾和影響，保持如如不動的清淨心。

Question
43
梵唄可以當成音樂來欣賞嗎？

大乘佛教能夠快速普為流傳，佛教音樂功不可沒，扮演著非常重要的角色。

音聲供養，功德莊嚴

音聲供養感受到佛法的廣博浩瀚、功德莊嚴，而能心生仰慕。大乘佛典提到的種種音樂供養功德，更讓人護持佛法不遺餘力。

例如《分別善惡報應經》說，以妙音樂供養佛塔，可得十種功德：身相端嚴、見者歡喜、音聲微妙、言辭和順、肢體適悅、離瞋恚、慶喜多聞、崇貴自在、命終生天、速證圓寂。而若以鐘鈴布施如來塔，也可得十種功德：端嚴無比、妙音適悅、聲同迦陵、言辭柔軟、見皆歡喜、得阿難多聞、尊貴自在、美名流布、往

（釋常鐸　攝）

來天宮、究竟圓寂。

這些功德看似要透過供養三寶才能得到，但是佛教音樂的美好妙音，其實在聆賞的當下用心感受，多少也能受用，比如心歡喜、不生氣、身體舒適、說話和順柔軟……。因此，欣賞佛教音樂會讓人身心喜悅。

修福之外，更要修慧

但是，不論是供養功德或欣賞益處，大都屬於人天福報，可讓我們如同天神一樣端莊，以珠寶瓔珞莊嚴全身，但再美好的天宮、人間生活，人都難免一死，要解脫六道生死輪迴，修福之外，更要修慧。而透過梵唄精進修行，可讓人離欲清淨，方便修習戒、定、慧。

隨著時代的轉變，梵唄原本只用於寺院共修或居士在家修行，而現在傳播方式多元，不論是收看電視、播放光碟，或使用手機中音樂軟體，都可立即挑選想聽的梵唄曲目。這一種便利性，讓人更方便接觸佛法，但是卻少了梵唱前的身心收攝，也沒有法會完整的儀軌，將梵唄只當成音樂欣賞，很多的法味可能也隨之流失。畢竟梵唄不只是用耳朵聽而已，還是需要全身心地完全投入。太多的自由選擇，有時反而會讓人忘記自己眞正要走的路。

Question

44

煩惱心重時唱梵唄，會惹惱護法龍天嗎？

我們會學佛，是因爲煩惱心重，憑一己之力實在束手無策，所以需要修學佛法，用佛智慧幫助自己做出改變和身心的淨化。

如果我們的聲音已經清淨如大梵天王的聲音，可能也不會投生於人間，而是住在天宮了。正因如此，所以需要修學梵唄，幫助我們調整身心，便得更安定、清淨。

以願心轉化煩惱心

煩惱心重時，心念容易與惡法相應，而遠離善法，這時可以試著以發願的心，轉化煩惱心。希望自己的煩惱不會干擾大衆修行，不會辜負護法龍天的護持，不會辜負諸佛菩薩的教導，通常如此一轉念，就會生起慚愧心、懺悔心與感恩心，種種煩惱都一掃而空了。

知煩惱而斷煩惱

雖說護法龍天護法心切，見人退失道心不用功，可能會感到瞋惱，但是見人知煩惱而願斷煩惱，相信還是會繼續護持。當然，如果將梵唄用來傾瀉情緒，不停怨天尤人，心不在法上，不要說是護法龍天，恐怕旁人聽了也覺得聲音很刺耳。

Question

45

如何用耳根之利學習梵唄，但不貪著音聲？

通常聽到動聽的歌聲，人的心就會跟著聲音波動，特別是悅耳的旋律或是感人的歌詞，往往都讓人陷入各種想像的情境裡，無法自拔。而梵唄卻是透過音聲讓心恢復清淨和安定，活在當下。

保持覺醒

一念悟即佛，一念迷即眾生，保持覺醒的覺察力，對修行來說非常重要。學習梵唄，要能不因美聲動心，而能用於修心，關鍵便在於身心合一，清楚自己所用的方法，能觀照當下的身心狀態。

（李東陽　攝）

如何用耳根之利學習梵唄，但不貪著音聲？

用聲音鍊心

當身心清楚而放鬆，漸漸便能融入全體莊嚴的音聲海。例如依著所唱誦的經文、懺文，思惟法義或隨文觀想，以此讓心保持專注不散亂。在唱誦梵唄時，不只是看著法本口誦，耳朵也要專心聽，除了自己的聲音，也要聽法器、維那法師與大眾的梵唄聲。

如此全心全意，自能眼到、口到、耳到、心到，不但不會起貪戀心，反能善用聲音鍊心。

Question

46

梵唄唱錯字怎麼辦？

參加法會時，難免會有唱錯字的時候，這時最好的方法，就是繼續唱。

知道自己唱錯字，表示很專心用功，才能清楚發生的問題。此時不要因爲愧疚而不敢再唱，使得原本安定的身心，因爲緊張而變得緊綳焦慮，應該繼續用功唱誦。參加法會的目的本爲清淨身心，若因唱錯字而陷入煩惱，反而難以再專心了。

如果發現有很多經文、懺文的文字都不認識，可在法會結束後，在家研讀經本或懺本，或是參加相關佛學課程。因爲無法讀出字音，就無法認識字義，自然也不解法義，便無法受用佛法的智慧。

（釋常鐸　攝）

Question

47

爲方便背誦經文，可將經文套用流行歌曲唱梵唄嗎？

現代學佛的管道非常多元，隨著佛曲創作的快速發展，很多佛經或咒語也都成爲創作題材，以多種不同音樂風格呈現。由於流行曲風活潑動聽，可讓經文和咒語好唱、好記，因此有的人便會想，是否可靈活運用流行歌曲來學佛呢？

水能載舟亦能覆舟

流行歌曲的優點特性，即在於美妙動聽，容易朗朗上口。然而，水能載舟亦能覆舟，優點往往也正是缺點。

很多人聽流行歌曲，歌詞確實是很容易牢記，甚至不需要太刻意便過耳難忘，因為旋律會自動不停在腦海浮現，隨之帶出歌詞。接著，這些旋律便如黏膩的香水揮之不去了，讓人難以安定身心。甚至往往不由自主，會以手腳打節拍，或手舞足蹈起來。

流行歌曲會讓身心浮動不安

由此可知，這種音樂性產生的結果，都和梵唄要帶人前往的方向，恰好南轅北轍。梵唄應是讓人止息煩惱妄念，清涼寂靜，而流行歌曲則會帶動人的情緒、感情洶湧澎湃，難以心靜如止水。

因此，為方便背誦經文，可以用流行歌曲、民謠進行改編，但這是音樂性的佛曲創作，所唱的已不再是梵唄了。

為方便背誦經文，可將經文套用流行歌曲唱梵唄嗎？

（李東陽　攝）

Question

48

散步時，可以隨意哼唱梵唄嗎？

如果是欣賞用的佛曲，為放鬆身心而隨意哼唱無妨，可以不拘地點歌唱，但是修行用的梵唄，最好還是在用功時唱誦，因為這樣才能發揮它的真正功能。

禮敬三寶的心

如果對待梵唄有了輕浮心或懈怠心，養成哼唱的習慣，在參加法會或練習法器時，可能態度也容易變得散漫。例如家裡課誦用的法本，如果與休閒雜誌、漫畫一類書籍雜放，或是將法器和一般器具一同放入雜物櫃收藏，沒有禮敬三寶的心，這些法本、法器如何能喚起我們的願心呢？

（梁忠楠　攝）

心放逸就不得自由

法的恭敬心對於修行的影響，是很深遠的。佛陀當年不贊同弟子吟詠法言的原因之一，即是因爲這種哼歌吟唱的方式，看似可以幫助人輕鬆記憶佛法，其實反會讓人的心放逸，而不自覺。畢竟通常在哼唱時，心都是浮動不安的，甚至一時興起自由創作修改梵唄曲調，而不再以梵唄收攝身心。

學佛需要放鬆身心才能自在，但要做得了自己心的主人，才能眞正自由，否則都是隨業力流轉生死。梵唄可以幫助我們鍛鍊身心，切莫大器小用了。

Question

49

梵唄的法力是來自神力加持嗎？

梵唄確實有很多神奇的感應傳說，而梵唄也是大梵天王的聲音特質，但是梵唄的力量，並非依靠大梵天王用神力助人消災解難，而是要用功修行改變自己的身心行爲。梵唄修行是功不唐捐的，有多少努力，就得多少受用。

法力來自修行佛法的力量

由於佛弟子對法器非常恭敬，不能隨意敲擊法器，以免驚擾護法龍天，有的人便誤以爲梵唄的法力，即是來自法器。梵唄的法力，其實來自諸佛菩薩給我們的佛法法寶，來自每個人對佛法的領會力，清楚了法義，才能運用佛法的力量，轉煩惱爲智慧。

（梁忠楠　攝）

活用在生活的法力

如果參加法會只有在參加時發憤用功，希望諸佛菩薩與護法龍天能幫助自己突破難關，法會結束後就不再用功，這樣便誤解了唱誦梵唄的意義。並非只要禮讚三寶就能將自己應負的責任，都請諸佛菩薩代為承擔，而是透過禮讚見賢思齊，在佛前感恩與發願，讓自己日新又新。

因此，唱誦梵唄的清心自在、慈悲柔軟，在圓滿法會後，還要活用在生活裡，讓身邊的人能一起感受佛法的智慧與慈悲力量。

Question

50

只能用中文唱梵唄嗎？

唱誦佛經沒有語言限制，最重要的是符合梵唄的功能與精神，以清淨的法音止息煩惱，讓人恢復本來面目。因此，不分國家、種族、膚色，都可以用當地語言唱誦佛經，與佛心心相印。

適應不同時代與環境需求

中文的梵唄有其傳承特色，有祖師特製的課誦、修懺儀軌，有中國佛教文學的文采與聲韻之美。梵唄能在中國流傳千年，可見其相當具有適應性、包容性、整合性，所以既能面對多變環境的需求，又能保持佛法法則與精神不變。

梵唄在中國流傳時，也曾面對梵文與中文特質不同的問題，進而開展出有中國特色的梵唄。由此可知，梵唄不一定要由印度傳入，只要具備清雅、莊重、中和的特徵，以及虛遠淡靜、莊嚴肅穆的意境即可。

而隨著佛教普傳的國際化，梵唄也需要面對與回應西方世界的需求，例如有英文的課誦本，自然也有英文的早晚課。透過唱誦梵唄，讓人不分種族、地域都能了解佛陀本懷，領會佛法義理，掌握修學要領。

不論是用哪種語言唱誦，都要細聽所唱誦的聲音是否正直、和雅、清澈、深滿，能否周遍遠聞？周遍遠聞並非要大聲唱誦，而是能讓法音宣流，雖然我們的聲音無法普傳十方，但是可以用願心來祝福，希望所有的眾生都能因此離苦得樂，聞法歡喜。

以共願轉化共業

印度波斯匿王曾在率領大軍征討時，因聽到一位比丘唱誦梵唄，全軍與馬匹都感動得無法向前移動半步，也讓波斯匿王消除殺念，而化解一場戰爭。面對現前世界的戰爭殺戮、金融風暴、環境汙染……，雖然不太可能發生這樣的奇蹟，用梵唄終止天災人禍，卻可以激發大家以願力改變業力。畢竟地球的一切都與我們每個人息息相關，世界會變成目前的面貌，都是由大家的共業所形成。

恢復地球的美麗、恢復世界的和平、恢復人們純真的心靈，這些都是不分國族人們的共同心聲，如能透過梵唄來清淨煩惱心，展開改惡向善的行動，世界一定會更美好。

（梁忠楠　攝）

學佛入門Q&A 17

梵唄50問

50 Questions on Buddhist Chanting

編著	法鼓文化編輯部
攝影	王育發、王錦河、李東陽、吳嘉峯、施純泰、梁忠楠、許朝益、鄧博仁、釋果本、釋常参、釋常鐸
出版	法鼓文化
總監	釋果賢
總編輯	陳重光
編輯	張晴
美術設計	和悅創意設計有限公司
地址	臺北市北投區公館路186號5樓
電話	(02)2893-4646
傳真	(02)2896-0731
網址	http://www.ddc.com.tw
E-mail	market@ddc.com.tw
讀者服務專線	(02)2896-1600
初版一刷	2018年8月
建議售價	新臺幣180元
郵撥帳號	50013371
戶名	財團法人法鼓山文教基金會—法鼓文化
北美經銷處	紐約東初禪寺 Chan Meditation Center (New York, USA) Tel: (718)592-6593 Fax: (718)592-0717

法鼓文化

國家圖書館出版品預行編目資料

梵唄50問 / 法鼓文化編輯部編著. -- 初版.
-- 臺北市 : 法鼓文化, 2018.08
面； 公分
ISBN 978-957-598-787-9（平裝）

1.梵唄 2.問題集

224.53 107009271